EL BUEN LECTOR EN SU BIBLIOTECA

EL GUSTO DE LEER TODA UNA VIDA

ExLibric

RAFAEL ROMERO

EL BUEN LECTOR
EN SU BIBLIOTECA

EL GUSTO DE LEER TODA UNA VIDA

EXLIBRIC

ANTEQUERA 2024

RAFAEL ROMERO

EL BUEN LECTOR
EN SU BIBLIOTECA

EL GUSTO DE LEER TODA UNA VIDA

Prólogo o aviso

Este libro quiere mostrar la pasión que, gracias a los libros y a una biblioteca personal y familiar, puede acompañar durante toda la vida al buen lector. Por buen lector entendemos a aquella persona que, al margen de su actividad profesional, ha comprado libros a lo largo de su vida y ha formado una biblioteca personal que refleja los gustos de su autor, gustos cambiantes a lo largo de toda una vida como amante de la lectura.

De lo anteriormente dicho se desprende que cada biblioteca personal es distinta y única, como son distintos y únicos sus respectivos propietarios. Por esta razón, un libro como este tiene que reflejar de alguna manera la trayectoria libresca de su autor. Tiene de forma inevitable un sesgo autobiográfico. Es inevitable, pero su filosofía puede extrapolarse a cualquier otro buen lector.

Para la mayoría de las personas el final de su vida laboral es vista como una liberación. Para otras personas, sobre todo si no han estado sujetas al rigor administrativo de trabajo y retiro, el fin de la vida laboral sucede de forma gradual hasta llegar, por personal convencimiento, de que ha llegado a su fin. Es el momento de mirar hacia atrás y hacer balance. Este es el espíritu con el que se ha escrito este libro.

Introducción

Aquí vamos a hablar de libros. De los libros que una persona, por puro placer, acumula a lo largo de una vida. No vamos a hablar de los escritores o de los profesionales de la literatura cuyas bibliotecas acumulan una cantidad extraordinaria de volúmenes, a veces más de quince, veinte o treinta mil. No. Aquí vamos a hablar de los libros que un profesional liberal o un asalariado, un pequeño empresario o un trabajador, acumulan a lo largo de toda una vida. Bibliotecas que son el resultado de libros comprados, libros regalados, libros perdidos o prestados (que viene a ser lo mismo), que llegan a acumular un número modesto de volúmenes, entre tres o cuatro mil como mucho, prácticamente todos adquiridos con gusto y leídos con placer.

Gente que ha dedicado la mayor parte de su tiempo a su profesión, a su trabajo, pero que siempre han encontrado un tiempo para la lectura, tiempo a ratos libres, siempre en solitario, aprovechando que el resto de la familia no le echa de menos porque están ocupados haciendo otras cosas como, por ejemplo, ver la televisión.

Además, la lectura habitual no interfiere con otras actividades. Se puede ser un buen lector y además practicar deporte, acudir al cine, viajar, hacer turismo, frecuentar a los amigos o, incluso, ver algún programa de televisión que pueda interesar.

Todo el mundo sabe lo que es un libro. Todo el mundo ha tenido un libro en las manos, aunque solo sea un libro de texto o la guía telefónica.

Está claro. Un libro es un conjunto de hojas de papel, numeradas de forma correlativa, que contienen un texto escrito, tal vez con algunas ilustraciones. Estas hojas están agrupadas y contenidas por medio de unas tapas o cubiertas, generalmente de material más duro. En la tapa anterior se imprime el título del libro y el nombre de su autor. La tapa posterior generalmente no lleva nada escrito. Ambas tapas se unen en la parte trasera por medio de otra pieza del mismo material que las tapas, pieza que llamamos lomo. Sobre el lomo suele escribirse otra vez el título de la obra y el nombre del autor. Las hojas numeradas en orden se fijan por un lado al lomo y por la parte opuesta quedan libres, el corte anterior, lo que permite abrir el libro hoja por hoja.

Está claro. Todo el mundo sabe lo que es un libro. Pero casi nadie sabe, en realidad, lo que nos puede dar un libro y no digamos lo que nos puede dar una biblioteca.

Por qué leemos

¿Por qué lee el buen lector? Porque hay varias formas de aproximarse a la lectura. Puede ser por simple información, como leer el periódico. O para leer una guía de viajes en un momento concreto. Puede leerse para estudiar y aprobar un examen. Hay gente que establece un proyecto de estudio y lectura programados para hacerse con una cultura que le permita brillar socialmente.

El buen lector lee simplemente por placer. No busca información, no lee para estudiar, para eso hay otros momentos. No lee pensando que así va a hacerse más culto, aunque la cultura, de forma sinuosa, va a llegar si se lee mucho, pero mucho. Alguien dijo, no me acuerdo quien, que la cultura es lo que nos queda cuando hemos olvidado todo lo que habíamos aprendido. La lectura nos va a llevar a la cultura lo queramos o no, es inevitable.

Pero el buen lector no piensa en nada de eso. Le gusta leer como a otros les gusta el chocolate o montar en bicicleta, aunque este tipo de apetitos y manías son todas compatibles con la lectura. Simplemente quiere pasar un buen rato disfrutando de las historias contenidas en los libros, historias que, como los libros, son infinitas. Pues hay más libros en el mundo, aunque sea solo en nuestro pequeño mundo, de los que podremos leer en toda nuestra vida. Pero al sentarse a leer, el buen lector solo piensa que, en ese momento, la vida le ofrece un placer que va a durar para siempre.

El placer de tener un libro
en las manos

Tengo un libro en las manos. Lo he cogido de la librería, hace tiempo que me apetecía leerlo. Su ligero peso me agrada. El tacto de las cubiertas, tal vez una sobrecubierta satinada y brillante también me agrada. El lomo, cóncavo, con sus relieves elevados. Las teselas, pequeñas piezas de papel pegadas al lomo donde figuran el título del libro y el nombre del autor. Lo abro y las hojas se separan como un abanico. Estas hojas, agrupadas en pequeños cuadernillos, están sujetas por un cordoncillo y pegadas a la parte interior del lomo. Claro que, en encuadernaciones más baratas, de rústica, las hojas de agrupan de forma más sencilla pegadas directamente al lomo, un lomo plano del mismo material que la cubierta.

Abro la portada y lo primero que veo es el papel de guardas. Papel que une la portada con el resto del libro, papel con un dibujo irregular como ondas de agua en aceite, pues así es como se hacía antiguamente. En la página siguiente, que todavía no es la página de lectura, aparece el título del libro y el nombre del autor. La página siguiente, llamada por algunos de respeto, es página que hay que leer cuidadosamente, con respeto, de ahí su nombre. Contiene de nuevo el título y autor, el nombre del traductor si se trata de un libro traducido, el nombre y dirección de la editorial, el número de la edición y el depósito legal.

Aquí quiero decir algo sobre los traductores, generalmente poco valorados cuando no simplemente ignorados. Lo más frecuente es que leamos libros escritos o traducidos a nuestro idioma. Algunos buenos lectores saben idiomas y pueden leer el libro en su idioma original. Pero lo más frecuente es leer traducciones. Y el papel del traductor es muy importante. Porque no se puede traducir de forma literal. Cada idioma tiene sus particularidades, sus giros idiomáticos, sus frases hechas, lugares comunes o incluso refranes. Como dijo Gabriel Albiac, la escritura está aherrojada en el álgebra de la sintaxis y el traductor tiene que liberarla. El traductor tiene que tener un buen dominio de ambos idiomas, no dominar solo el idioma académico sino también el idioma coloquial, el idioma de la calle que es el que habla la gente y en el que escriben los autores.

Trasladar estos giros y lugares comunes no es fácil si no se puede pensar en ambos idiomas, que es lo que el buen traductor debe hacer. Gracias a él podemos leer lo que el autor quiso decir, pero en palabras nuestras. Podríamos decir que el buen traductor colabora activamente con el autor y recrea la obra para que podemos leerla como si hubiese sido escrita en nuestro idioma. Es posible que en el texto traducido encontremos pasajes oscuros que no podamos entender bien. Puede ser porque el texto original ya era oscuro, el traductor no encontró la forma adecuada o porque el pasaje en cuestión era intraducible y el traductor, que posiblemente podría haber suprimido esas líneas sin modificar el sentido de lo escrito, no lo hizo por respeto al original.

No he empezado a leer y ya estoy empezando a disfrutar. Todo lo visto hasta ahora me promete acompañamiento y distracción. Pero aún hay más antes de empezar a leer. Veo que las hojas son muy blancas y el texto muy negro, negro sobre blanco dicen los lectores algo redichos. Si la edición es reciente, se aprecia claramente el olor a tinta fresca. Claro que si el libro es algo viejo, pierde el olor. Pero si es muy viejo las hojas amarillean, dicen que como el papel es de origen vegetal, con el tiempo quieren acordarse del árbol del que surgió. Y puede que nos llegue a la nariz algo de polvo que se haya acumulado entre sus hojas con el tiempo.

No he empezado a leer y ya estoy disfrutando.

Empiezo a leer por la primera página de lectura que puede ser la octava o novena del libro. Por alguna razón cada capítulo comienza en página impar. Viajo por el mundo del autor, tal vez a la calle de al lado, o a un país lejano, o a uno imaginario, o al centro de la historia del siglo o de otro siglo. O entro dentro de la cabeza del autor que intenta hacerme entender sus traumas y sus elucubraciones.

Al leer me abstraigo del mundo que me rodea porque estoy en otro mundo. Leo durante horas hasta que alguien o algo me interrumpe. Una llamada, un ruido, el hambre, la sed. Vuelvo al mundo real, ya no es lo mismo. Pero el libro, compañero fiel, me esperará el tiempo que haga falta.

Libros y libros, biblioteca

Una librería es una estantería donde se guardan los libros. Si en un lugar hay más de una librería, hablamos de biblioteca. Al menos es así como yo lo veo.

En una librería los libros de colocan verticalmente con el lomo, donde figura el título y el autor, hacia fuera. De esta forma es más fácil encontrarlos cuando queremos leerlos. Libros muy apretados entre sí cuando el número de nuevos volúmenes va agotando el espacio disponible.

Una biblioteca dice mucho de su propietario. En la mayor parte de las casas que podéis visitar, casas de familiares o amigos, no encontraréis ninguna librería. En el mejor de los casos veréis una pequeña estantería con alguna colección de libros de premios Nobel de literatura o de las mejores novelas del siglo XX, todos los volúmenes con idéntica encuadernación y con aspecto de no haber sido sacados de su sitio, es decir leídos, nunca. Es una librería de adorno, pues los libros bien encuadernados con una encuadernación vistosa son bonitos. A veces incluso las estanterías están protegidas por unas puertas acristaladas. Así los libros no cogen polvo y sirven de aviso para evitar la tentación de cogerlos, por si acaso. Su dueño es una persona sin mucho interés por la lectura, pero que pretende que los libros así vistos le den una pátina de la cultura que no tiene.

Pero la biblioteca que nos gusta, la biblioteca viva, es una biblioteca que podemos llamar desordenada. Estanterías con libros apretados porque falta espacio. Libros en doble fila, libros encima de otros libros. Temas muy variados, pues el interés de su propietario ha ido cambiando con los años. Novela, historia, filosofía, libros de arte con buenas láminas, libros de viajes si su dueño es viajero (aunque solo sea a través de los libros), divulgación científica, policiacas cuyo valor literario muchas veces no es bien estimado, espías, temas de religión y así casi hasta el infinito, pues ya se sabe que todo está en los libros. Colecciones casi siempre incompletas, pues uno se ha olvidado de comprar o no ha encontrado alguno de sus ejemplares.

El desorden es inevitable en una biblioteca viva. Cuando se intenta ordenar los libros por temas, siempre se fracasa. Hay libros que incluyen varios temas y hay que escoger cual es el principal, algo muy subjetivo. Cuando se consigue algún orden, no siempre se devuelve el tomo al mismo lugar, por las prisas o por no acordarnos de donde estaba. En este desorden no es raro perder un libro, es decir no encontrarlo aunque sepamos que está ahí, en algún sitio, porque lo hemos tenido en las manos, lo hemos leído, pero lo hemos debido de colocar en el sitio equivocado. Pero es que, en una librería viva, el desorden es bello.

Me pongo a leer:
la soledad acompañada

Leer es un acto solitario. No se lee en compañía, la compañía es para la conversación, no para la lectura. Poque leer significa aislamiento, un ambiente sin ruido, sin interrupciones. La soledad es la compañera del buen lector, soledad acompañada porque con un libro en la mano nunca se está solo. No hay compañero más fiel que un libro, que nunca se queja, que nos espera el tiempo que haga falta hasta que llegue el momento propicio.

Me pongo a leer porque dispongo de un tiempo. Un tiempo algo largo, no se puede leer con placer a ratos cortos. Media hora da para leer las instrucciones de un electrodoméstico o las noticias del periódico. Eso no es el leer del que estamos hablando. Necesitamos de una hora en adelante y eso no siempre es fácil. Seguramente por la noche, después de cenar, o un fin de semana cuando la familia se ha olvidado de nosotros. Pero hace falta algo más que tiempo, hace falta silencio. Sin ruidos que nos distraigan y nos hagan perder la atención. Y un asiento cómodo. Y buena luz. Un rincón de lectura no es más que eso, un sillón y una lámpara siempre preparados para cuando haga falta, en un lugar algo apartado de la casa.

Mi rincón ideal de la lectura sería esta: un sillón junto a la chimenea encendida, el galgo tendido sobre la alfombra y la lluvia golpeando los cristales. Claro que mi caso ideal no es mi caso real. En primer lugar, porque no enciendo la chimenea porque es un engorro y hace perder mucho tiempo, es el inconveniente de no tener mayordomo. Tampoco tengo un perro porque, aunque me gustan mucho, no me siento capaz de atenderle como se merece, es el inconveniente de no tener perrero. Y en la parte del mundo en la que vivo, apenas llueve.

Pero a pesar de todo mi rincón ideal sigue teniendo algo de realidad. Si consultase con un psiquiatra seguramente lo explicaría muy bien, pero, a falta de psiquiatra, lo intentaré explicar yo. Lo del sillón está claro. La chimenea encendida nos da la imagen de una temperatura adecuada, confortable, que nos permita aislarnos del ambiente. Lo de la lluvia en los cristales nos da la idea de tiempo de lectura porque si llueve es más probable que nos quedemos en casa para leer en lugar de salir a dar vueltas por ahí. El perro es un ser vivo que no molesta y permanece callado, no como los otros seres vivos. Yo, de momento, lo veo así. Pero si el psiquiatra me lo corrige, ya se lo contaré.

Hoy hace un mal día, está lloviendo. Más aún, tenemos tormenta. Es decir, es un mal día para la mayoría de la gente. ¿Y qué hacer en un día así? Mi familia lo tiene claro, se van a un gran centro comercial, pues allí están a cubierto, pueden pasear por sus largos pasillos. siempre hay sitios conde comer algo y, además, hay muchas tiendas donde comprar muchas cosas que no te hacen falta. Pero para mí es un día ideal para quedarme en casa, solo y en silencio, para leer. En realidad no estoy solo, estoy con mis libros. El buen lector nunca está solo en su biblioteca.

Los relámpagos se adivinan por los destellos a través de las ventanas. De cuando en cuando, un trueno retumba en toda la casa. Ruido exterior, pero para mí la casa está en silencio porque nada me interrumpe. La lluvia golpea los cristales, pero yo estoy en un árido desierto.

Estoy leyendo las aventuras de Lawrence de Arabia. Las caravanas de camellos avanzan lentamente por las secas arenas. Tienen sed y apenas les queda agua. Todavía les queda un buen trecho para llegar al oasis. Otro trueno, menuda tormenta y cómo diluvia. Menos mal que en el desierto no llueve. Por fin, la caravana llega al oasis y todos, personas y animales, pueden calmar su sed. Pero cuidado, la cantidad de agua es limitada y hay que racionarla cuidadosamente. Otro trueno, qué barbaridad, con lo bien que se está en el desierto.

De pronto vuelvo a la realidad. La familia regresa alborozada. Han hecho grandes cosas. Han comido en un restaurante italiano, después han tomado unos helados, han comprado de todo y lo traen en grandes bolsas. Me lo enseñan sacando uno a uno los objetos y las prendas adquiridas, todo muy bonito.

—¿Lo ves? —me dicen—. Lo bien que lo hemos pasado y tú aquí, perdiendo el tiempo.

Con lo bien que estaba yo en el desierto.

La librería, la tienda de los libros

Como todo el mundo sabe, una librería es donde se compran los libros. Todo el mundo la sabe, incluso los que nunca han ido a una.

Quiero comprar un libro. Es para mí. Se trata de la primera novela de verdad que leí en mi adolescencia. Anteriormente había leído muchos libros de aventuras. Todo Julio Verne, Emilio Salgari, Karl May e incluso José Mallorquí. Los jóvenes de entonces leíamos aventuras, no como los de hoy que, si no se desintegran un par de planetas con todos sus habitantes dentro, la historia no tiene interés.

Fui a una librería muy moderna, la tenía cerca de casa, seguramente no tienen lo que busco, pero está cerca y no pierdo nada por probar. Cientos, tal vez miles de libros, muy bien ordenados, colocados para que los títulos puedan verse con facilidad, estanterías de acero y cristal. Muy aséptico. Me aborda un empleado tan nítidamente vestido, tan pulcro como las estanterías.

—¿Puedo ayudarle en algo?

—Pues sí, busco un libro de Ignacio Aldecoa que se titula *Gran Sol*.

—Muy bien, acompáñeme.

Le sigo y el empleado se sienta delante de un ordenador.

—¿Uldecona ha dicho?

—No, Aldecoa, Ignacio Aldecoa.

El empleado teclea desesperadamente, aparentemente sin éxito.

—¿No será un libro técnico o de la Editora Nacional?

—No, es una novela.

—Pues cuánto lo siento, no me aparece nada, tal vez esté descatalogado.

—No pasa nada, muchas gracias de todos modos.

No me queda más remedio que ir a la librería de Sandoval; está más lejos, pero tengo tiempo. Además, el librero Sandoval es de mi época, de mi edad más o menos y nos entendemos bien. Nunca se extraña de que me interese por libros raros. Por raros me refiero a libros de poca venta, por lo que algunas librerías no las llevan en catálogo. Entro en la librería. Cientos, miles de libros en inmensas estanterías que llegan hasta el techo. Libros ordenados por temas, más o menos, a veces en doble fila, a veces apilados sin demasiado orden en el borde de alguna estantería. Tantos libros que si se intenta ordenarlos sencillamente no caben. Cuántas horas he pasado en esta y otras librerías parecidas buscando algún título. Muchas veces sin encontrarlo, pero encontrando otro inesperadamente que me arregla el día.

—Buenos días.

—Buenos días. Busco un libro de Ignacio Aldecoa.

—¿Aldecoa? ¿El de *Gran Sol* y *Con el viento solano*?

—Ese mismo. Precisamente es *Gran Sol* el que busco.

Sandoval frunce el cejo, como haciendo memoria. Tiene miles, qué digo, cientos de miles de libros en algún rincón de su cerebro.

—Sus libros ya están descatalogados. Aldecoa murió allá por 1969 o algo así, muy joven, apenas con cuarenta años. Mucho tiempo ha pasado y es un autor prácticamente olvidado.

—Pero ¿es posible encontrar alguno de sus libros?

—No se lo puedo asegurar, déjeme mirar.

Sandoval se dirige a una estantería del fondo, coge una escalera para llegar a la más alta, junto al techo. Saca libros de su sitio y los vuelve a colocar. Así varias veces. Finalmente desciende.

—No encuentro nada, pero déjeme mirar en el almacén. Creo recordar que con mi padre recolocamos estos libros.

Es que el librero Sandoval es hijo del librero Sandoval. Al cabo de un rato regresa con un libro en las manos.

—Aquí está, *Gran Sol,* de Ignacio Aldecoa. Libro nuevo, con la cubierta todavía brillante a pesar de los años transcurridos.

Pagué su precio con alegría. Y es que ir a buscar un libro es una aventura. Como debe ser.

La otra tienda de los libros: la tienda virtual

Un día me entero de que puedo comprar libros sin moverme de casa. Este invento del maligno, internet, me permite entrar en todas las tiendas de libros del mundo sin tener que desplazarme. Claro que esto sucede poque, sin yo enterarme, todas las tiendas de libros del mundo se han introducido voluntariamente en internet. Han colgado sus catálogos en una página web, vaya nombrecito, en esta red infinita. Es la librería, en el sentido de tienda de libros, virtual.

A mí, al principio me costaba comprar libros por este sistema. No tenía necesidad, con ir a las librerías de siempre era suficiente y mucho más divertido. Pasear a lo largo de las estanterías hojeando libros que no siempre hemos de comprar. Hablar con el librero de todo lo imaginable, incluso de libros, constituye un verdadero placer para el buen lector.

Pero un día, no sé cómo, vencí mi escepticismo y encontré su utilidad. Navegando por el espacio virtual, encontré que no solo las editoriales habituales se encontraban en la red, sino que aparecieron muchas editoriales, por llamarlas así, que ni tenían ni nunca habían tenido una tienda física. Y en sus catálogos aparecían gran cantidad de títulos ya descatalogados y que no podían encontrarse en las librerías de siempre. Y también muchos libros de segunda mano en buen estado, incluso algunos libros que no habían sido editados para su venta, ediciones limitadas para regalos. Libros de lectores o de herederos de lectores que querían desprenderse de ellos y no habían encontrado mejor manera de hacerlo. Porque no hay mejor manera para quitarse un libro de encima que ponerlo a la venta de segunda mano. Libros que por raros, desconocidos o pasados de moda que pueden encontrar un lector en el inmenso mercadillo que representa internet. Y no es tarea fácil, pues requiere muchas horas de navegación por el espacio virtual infinito viendo libros y más libros, sorprendido constantemente por lo que nunca creyó que podría encontrar. Hay días que he comprado cuatro libros seguidos, en distintas páginas catálogo, y que me han sido enviados de distintos países. Y es que, como dijo alguien que ya no me acuerdo, la única patria es el idioma.

Cómo se pierden los libros

Los libros se pierden. Se pierden porque se mueven, aunque también se da el raro caso de que se pierden precisamente porque no se mueven.

Cualquier lector habitual se ha mudado de domicilio varias veces a lo largo de su vida. Y con los muebles y demás enseres, también se mudan los libros. En cuanto más frecuentes son las mudanzas, más probable que se pierdan libros. Cuando el trayecto es muy largo y, por lo tanto, la duración del traslado es grande, la pérdida de algunos libros es casi segura. No es lo mismo un traslado dentro de una ciudad que dura un día o poco más, que en traslado entre ciudades, países o incluso continentes en los que los libros viajan, y pasan por distintas manos, durante semanas o meses.

Los operarios de la mudanza, si no están acostumbrados a mover libros, minusvaloran la dificultad y el tiempo necesario para su transporte. Para más facilidad meten los libros en cajas. Lo que les parecían unos pocos libros, poco a poco van llenando cajas. Es fácil que una biblioteca mediana, llene más de cincuenta cajas que, además, pesan mucho. El mobiliario doméstico lo mueven y colocan en el camión de transporte con facilidad profesional, todo es rutinario. Y, al final, no sé por qué, siempre al final, quedan las cajas de libros. De mala gana, ya están cansados, las colocan de cualquier manera en los huecos que quedan. Apretadas y apiladas unas encima de otras, pero ¿este tío se ha leído todos estos libros? es un comentario frecuente. A golpes o como sea, las cajas terminan entrando.

Días, semanas o meses después, llega el transporte a su destino y comienza el proceso inverso. Muchas veces el personal del transporte es distinto. El mobiliario, sin un golpe, sin una rozadura, termina en su sitio. Todo perfecto. Quedan los libros. ¿Dónde dejamos estas cajas? Los libros no tienen derecho a ser colocados como los muebles. Ahí quedan las cajas en el pasillo o donde sea. Ahora hay que colocar todos estos libros en las nuevas estanterías.

Las cajas tienen señales de golpes, algunas están rotas o rajadas, pero parece que los libros han resistido. No pasa nada si alguno está doblado. Para más rapidez fueron introducidos en las cajas sin ningún orden y ahora, según los sacamos en desorden hay que colocarlos por temas o géneros si es posible. Labor de chinos que nos va a llevar bastantes días mientras los otros miembros de la familia se ponen nerviosos ante el espectáculo de tantos libros desperdigados en aparente desorden. Por fin todo colocado, que alivio. Pero echo de menos algunos libros, estoy seguro, los tenía, los he leído, estoy seguro. Según pasan los días echo de menos algunos más. Llamo a la compañía de mudanzas. No, nosotros hemos entregado todo lo que recogimos, aunque el camión lo descargamos en el almacén y luego lo volvimos a cargar, pero todo se hace en orden, no se pierde nada. Además, somos gente seria, ¿Quién va a querer unos libros?

La próxima vez tomaré más precauciones. De entrada, numeraré las cajas. Y haré un inventario caja por caja. Esto es fácil de decir, pero con las prisas de la mudanza la cosa es difícil.

Los libros también se pueden perder amistosamente. Es el caso del libro prestado. Un amigo puede venir a casa invitado a comer o a lo que sea. Y se fija en la biblioteca y se fija en un libro. No pasa mucho porque la mayoría de los amigos no se fijan en la biblioteca. ¿No te importa prestarme este libro? Llevo tiempo tras de él y no lo encuentro. Claro, se lo prestas, te asegura que lo devolverá, pero sabes que es libro perdido. No es que se haga intencionadamente, pero los libros son seres caprichosos que cuando se van no vuelven. A mí también me ha pasado. A veces al releer un libro me doy cuenta de que lo tomé prestado de alguien hace tiempo, sí, hace unos veinte años y nunca lo devolví. Lo juro por mis muertos que no fue intencionado, mi intención fue devolverlo, no sé lo que pasó. Libro prestado, libro perdido.

Hay quien ha sugerido que la solución es llevar un registro de los libros prestados y el nombre del prestatario para poder reclamarlo más adelante. A mí no me parece un buen sistema. ¿Y si me reclaman todos los libros que no he devuelto? Para mí el mejor sistema es el más simple. Una vez que se llevan el libro, lo mejor es comprarlo de nuevo y ya no se le echa de menos y no hay que reclamarlo.

Aunque parezca mentira, también es posible perder un libro sin perderlo. Cuantas veces me ha pasado, uno ya tiene una edad, que es imposible encontrar un libro que sé que está, porque lo he leído e incluso recuerdo donde lo compré. Tal vez lo coloqué en el lugar equivocado, tal vez por la prisa de guardarlo lo puse en la estantería que no le correspondía. Pasas días buscándolo y nada. Pero me corre prisa, me hace falta para una referencia o una consulta. No me queda más remedio, lo compro de nuevo. Con el tiempo aparece el libro perdido y ahora tengo dos idénticos. No pasa nada, los guardo juntitos como hermanos gemelos. Tengo ya varias parejas de hermanos gemelos.

Libros viejos, libros de segunda mano o libros de segunda vida

Hay librerías que se llaman «de viejo», pero en algunas librerías normales tienen en el fondo una sección de libros viejos, a veces con muchos cientos de volúmenes. En algunos casos estos libros están laxamente ordenados por temas, o por autores, o simplemente sin ordenar. Librerías en las que hay que pasar horas rebuscando sin un fin concreto, simplemente esperando encontrar ese libro que nunca pensamos que nos interesaría y que, al encontrarlo, de pronto, caímos en la cuenta que siempre quisimos tenerlo.

Hay que entender lo que es un libro «de viejo», para el lector habitual. No nos referimos a las ediciones antiguas, tal vez del siglo XIX o anteriores, con encuadernaciones especiales. No, estos libros antiguos son el objeto de los bibliófilos, coleccionistas a los que la antigüedad de la edición, su impresión y su encuadernación les resulta más importante que el texto. Para nosotros un libro «viejo» es un libro que ha tenido un dueño anterior, dueño que, por los motivos que sea, ha decidido desprenderse de él.

Los libros «viejos» no tienen que ser necesariamente viejos. Algunos están prácticamente destrozados y no tienen ningún interés. Es raro encontrar un libro en tan mal estado, pues el librero normalmente los retira de los estantes de venta. Otros libros muestran el paso del tiempo, se nota que han sido manoseados (en el buen sentido de la palabra), pero se mantienen en buen estado porque su propietario era una persona cuidadosa. Algunos libros «viejos» están completamente nuevos porque nunca han sido leídos, sus páginas nunca han sido abiertas. Han llegado hasta aquí porque a su propietario nunca le interesó. Tal vez fue un regalo no solicitado, o simplemente murió antes de leerlo y sus herederos se deshicieron de él en cuanto les fue posible.

¿De dónde salen los libros «de viejo»? Es bien conocido en el mundo de los libros que una biblioteca particular tiene una vida breve, dos generaciones como mucho. Los herederos del último dueño no tardan en desprenderse de los libros. Y si tardan es porque no es fácil quitarse tantos libros de encima. No se pueden regalar porque, al margen de algún volumen aislado, nadie quiere un regalo así. Enseguida aparece alguien con una buena idea: lo mejor es donarlos a una biblioteca pública. Quien lo haya intentado se habrá dado cuenta de que es una misión imposible. No hay nada que moleste al encargado de una biblioteca pública que el recibir cientos, tal vez miles de libros, que tiene que ordenar y catalogar. Una verdadera pesadez. El encargado lleva una vida tranquila y plácida, pues poca gente acude a una biblioteca pública, casi siempre son estudiantes que acuden al silencio del local para estudiar sus apuntes. Otra opción es tirarlos al contenedor de papel, pero no es fácil llevar tantos libros sin llamar mucho la atención. Queda feo que le vean a uno tirar libros, pero nadie va a acudir para llevárselos. Por último, siempre queda la posibilidad de acudir a una librería «de viejo». Estas librerías compran al peso, unos céntimos cada libro sin considerar tema o estado. Pero no admiten lotes de menos de mil quinientos ejemplares. Al fin y al cabo, esperan encontrar algunos libros que tengan posibilidad de venderse (recordemos que las librerías viven del noble oficio

de vender libros) y el resto terminan en los carritos de los mer-
cadillos, en el mejor de los casos.

Entiendo que a otros les gustaría más descubrir algo como
las cataratas Victoria, o el paso del Noroeste, o tal vez la Atlántida.
Pero, para un buen lector, descubrir un libro entre cientos o miles
es igualmente emocionante y no hay que gastarse el dinero en
un billete de avión.

¿Por qué se escriben los libros?

Cuando alguien escribe algo en un papel es que quiere contarnos algo. A veces no es consciente, ni es su intención, que su escrito sea leído. Pueden ser simples notas personales, pero lo escrito escrito queda. En el sentido más amplio podemos incluir entre los «libros» a las pinturas rupestres, las tablillas de adobe sumerias con su escritura cuneiforme, los jeroglíficos egipcios, los papiros y los rollos medievales, que son los medios en los que se escribía antes de la invención de la imprenta, que es cuando aparecen los libros tal como los conocemos hay en día. De estos «libros» anteriores a la imprenta solo algunos han llegado hasta nosotros, pues la mayoría eran materiales frágiles y se han destruido por falta de medios de conservación. Pero estos textos antiguos solo están al alcance de los eruditos y bibliófilos, no están destinados al buen lector actual, que es el que nos interesa a nosotros.

Alguien ha querido decirnos algo. Cuando un escrito toma la forma de un libro es porque su autor espera que alguien lo lea. Escribe para gente desconocida, no sabe quién será su lector, ni dónde está, ni cuándo va a ser leído. A veces son leídos nada más ser publicados, pero a veces esperan largo tiempo en las estanterías hasta que alguien se interesa y lo lee. No todos los libros son para todo el mundo, pero todos los libros tienen su lector. Aunque tengan que esperar años, décadas o incluso siglos para encontrarlo. Lo importante no es cuantas veces un libro se lee de su primera edición, sino cuantas veces un libro se lee diez o veinte años después de escritos. Un libro que haya sido leído una sola vez cien años después de haberse escrito, ya ha cumplido su noble misión.

Los autores no siempre quieren contarnos la verdad y eso ya lo sabemos cuándo elegimos un libro. Nos cuentan su verdad o nos mienten a propósito. Siempre se ha dicho que los libros de historia los escriben los vencedores. La versión de los vencidos, que puede tener su parte de verdad, generalmente se pierde. Los filósofos escriben su versión personal del mundo, muchas veces en términos tan alambicados que es difícil entenderlos. Los libros técnicos rápidamente quedan atrasados, pues la ciencia y la técnica cambian con gran rapidez, pero nos sirven para ver su evolución. Aquí podemos incluir a las enciclopedias, almacenes de información. Las autobiografías son siempre justificativas, pues sus autores destacan los mejor de sí mismos y ocultan lo que no quieren que se sepa. Lo mismo sucede con los libros de viajes que nos cuentan grandes aventuras y paisajes, un viaje para recordar. Porque si el viaje ha ido mal, no tiene interés el contarlo. Ya ni hablamos de los libros religiosos. Pero siempre nos quedarán las novelas para simplemente disfrutar, ya que, de entrada, aceptamos que son ficción para simple entretenimiento.

Todos estos condicionamientos hacen interesante el escoger un libro. Todos tienen su parte buena. Con la experiencia vamos buscando textos más complicados que nos obligan a desentrañar el verdadero mensaje del autor, mensaje a veces entreverado con medias verdades y pistas falsas. Después de este esfuerzo podemos desengrasar con una novela o un libro de viajes para volver de nuevo a un texto complejo. Y podemos dejar un libro a medio leer para más adelante. En la estantería nos esperará paciente.

Seguro que entiende que ese día no estábamos para lecturas tan densas. Unas semanas con novelas policiacas y listos para lecturas que desasosiegan el espíritu.

Es cierto que algunos autores esperaban ser leídos por sus contemporáneos solamente. Cartas, memoriales, decretos y sentencias tuvieron su actualidad en su momento y cuando han llegado hasta nosotros nos permiten comprender nuestro pasado y añorar, a veces, a aquellos gobernantes que no eran peores que los actuales, pero que eran más cultos y escribían mucho mejor.

Son millones los libros escritos porque son millones las personas que nos han querido contar algo. Alguien dijo que todo está en los libros. Pero como no podemos tener todos los libros, en nuestras humildes bibliotecas tenemos que tener una pequeña selección que será una imagen de nuestra personalidad. Libros que nos acompañarán toda la vida, amigos fieles que nunca nos abandonarán, aunque pasen años sin acordarnos de algún título. Libros que nos contarán verdades y mentiras, las verdades y mentiras de sus autores, que nos harán pasar momentos extraordinarios en un rincón de nuestra casa con su sillón y su lámpara. No esperemos que sus autores nos revelen la verdad del mundo. Ya los sofistas dijeron (siempre conviene tener un buen libro de filosofía en la biblioteca) que la verdad no existe y que si existiera nunca podríamos conocerla. Como consuelo no está mal.

Los libros que (casi) nadie ha leído

Nadie admite ser inculto. Y ser culto significa leer mucho. Pocos relacionan el ser culto con saber tocar el piano o conocer la astronomía, aunque también son referentes culturales de importancia. Pero los libros son otra cosa, son fáciles de obtener y todo el mundo sabe leer.

Aquí nos referimos a aquellos libros muy conocidos, que se incluyen en cualquier texto de historia de la literatura, libros que se supone que toda persona culta debe conocer. El problema comienza con el convencimiento que la mayoría de los posibles lectores de que la cultura consiste en conocer que esos libros existen sin necesidad de leerlos. De hecho, en los textos escolares diseñados para introducirnos en el conocimiento de la literatura, lo que se enseña es una interminable lista de autores seguida de otra interminable lista de los libros que han escrito. Aprobar la asignatura consiste en memorizar concienzudamente estas listas y recitarlas en el examen final. Ya me sé las listas, ya soy una persona culta, así de simple.

El escritor Jean Paul Sartre, en una de sus obas más conocidas, nos habla de un individuo que quiso hacerse culto y para ello decidió leerse todos los libros de la biblioteca púbica. Pero no escogió el orden de los libros por temas o por épocas, sino que decidió leerlos por orden alfabético de sus títulos. Es otra forma de intentar llegar a la cultura por la lectura.

Pero realmente, ¿cuántos han leído las aventuras de don Quijote de la Mancha o la Biblia, por mencionar los libros que se supone más editados y vendidos?

Y es posible que en muchas casas podamos encontrar uno de estos ejemplares. Y si preguntamos a algún amigo o conocido, nos asegurará saberse el *Quijote* casi de memoria. Pero a poco que, disimuladamente, preguntemos por algunos detalles llegaremos a la conclusión de que apenas conocen, de oídas, algún episodio como el de los molinos de viento y poco más. En conclusión, casi nadie ha leído el *Quijote* completo, pero casi nadie lo admitirá.

Con la Sagrada Biblia pasa algo parecido. Esta obra, fundamental en nuestra cultura cristiana, seguramente la podemos encontrar en muchos domicilios que visitemos. Generalmente es una edición de gran calidad de pastas duras y papel muy fino, papel conocido (por algo será) como papel biblia. A poco que ojeemos el libro podremos comprobar que las hojas están casi pegadas por lo fino del papel y porque nadie las ha ojeado. Del Antiguo Testamento ni hablamos. Y del Nuevo Testamento, la mayoría lo limitan a los cuatro Evangelios y solo unos pocos sabrán que la historia de los Reyes Magos solo aparece en el Evangelio de Mateo. Y pocos sabrán que el canon del Nuevo Testamento lo componen 27 libros. En fin, que los libros más leídos del mundo no los ha leído casi nadie. Algunos no recordarán ni el catecismo leído en su infancia.

¿Y cuantos nos dirán que han leído a Dante y su *Divina comedia* o el teatro de William Shakespeare? Podemos añadir a la lista autores como Dostoyevski, Tolstói, Víctor Hugo, Lope de Vega, Camus y no seguimos porque la lista sería muy larga. Pero si miramos en sus bibliotecas, si es que las tienen, estos autores no están. Pero todos los conocen, dicen sus nombres.

Claro que también hay libros importantes, que figuran con razón en los tratados de Historia de la Literatura y que hay que conocer bien para presentarse a un examen de grado superior.

Pero para el lector habitual, ciertas obras han perdido interés con el paso del tiempo.

Son autores, algunos del siglo XIX o comienzos del XX, que son parte fundamental de la historia de nuestra literatura y cuyos nombres conoce todo el mundo, incluso los que leen poco. Autores cuyos nombres tuvimos que estudiar en la escuela para ser gente culta. Nos referimos a escritores como Stendhal, Galdós o Pereda a quienes recordamos, e incluso tenemos en nuestra biblioteca, pero poco leemos.

El hecho es que los autores mueren al igual que su época, pero sus libros permanecen, aunque sean olvidados. Nos esperan aburridos y llenos de polvo en alguna estantería, en alguna biblioteca, esperando su resurrección. Y ciertamente resucitan cuando algún estudioso decide hacer una tesis doctoral sobre un escritor muerto y olvidado.

Yo les hablo y ellos me miran

Hoy tengo ganas de leer. No sé qué leer, pero me apetece mucho leer. El buen lector a veces siente este impulso, la necesidad de tener un libro en las manos y pasar sus páginas leyendo. Los que no nos entienden dicen que leer es un vicio. Yo pienso que es un instinto.

Estoy en frente de mi biblioteca. Veo los estantes llenos de libros y no sé cuál coger. Quiero leer, pero no sé qué. Silencio. Los libros me miran, sé que me miran en silencio mientras decido cual escoger. Algunos libros llevan muchos años quietos esperando una oportunidad. Sé que me miran, aunque no tengan ojos, tantos libros mirándome en silencio me abruma.

Tengo que escoger. ¿Un novela? No, no quiero prestar atención a un argumento largo y complejo, mejor algo más simple. ¿Un libro de historia? Son casi cuatrocientas páginas, ahora no, me vas a perdonar amigo, ahora no. Este libro de filosofía lo tengo pendiente, estoy seguro de que le gustaría que lo abriese por primera vez y airease sus páginas, siento decepcionarte, pero mejor en otra ocasión. Este grupo de libros de viajes me mira con insistencia, saben que es un tema que me gusta, pero pido disculpas, no es el momento. La verdad es que no sé qué leer.

Cuando no sé qué leer, lo mejor es no leer, pues la biblioteca tiene libros para no leer. Cojo un libro de imágenes, casi todo el museo del Prado en un libro. Un libro grande, sé que se pone muy contento por ser elegido. Paso toda la tarde disfrutando de grandes obras de arte, escudriñando los detalles de cada cuadro, la calidad de estas reproducciones es magnífica, casi como estar en el museo, pero sin moverme de mi sillón. Y sin las multitudes que se ponen delante y casi no te dejan ver. De mirar estos cuadros no te cansas nunca aunque los hayas visto cien veces, siempre hay algo nuevo que se te había pasado. Apenas tienen dos o tres líneas de texto, el nombre del pintor y la técnica empleada.

Devuelvo el libro a su lugar. He pasado una tarde magnífica con un libro en las manos, leyendo sin leer. Gracias, amigo.

No solo palabras

Hay libros en los que el texto no es lo único importante. Me refiero a los libros ilustrados cuyas imágenes pueden ser tan importantes como el texto al que acompañan. Incluso hay veces en que las imágenes superan al texto.

En todas las bibliotecas acumuladas durante años podemos encontrar libros así. Muchas veces no lo sabemos porque ya no nos acordamos de aquel libro que compramos hace años y que nos interesó por su texto y no prestamos atención a sus ilustraciones. Yo voy a empezar por buscar en mi humilde biblioteca.

Busco entre los libros de mi juventud que tengo arrinconados en algún estante ya poco visitado. Encuentro el maravilloso libro del explorador Thor Heyedahl, *La expedición de la Kon Tiki*, en un intento de demostrar que los antiguos habitantes de Perú habían sido capaces de navegar hasta la Polinesia para colonizarla e implantar su cultura. Las magníficas fotografías tomadas por el autor durante el viaje son irrepetibles. Nunca se podrán tomar de nuevo porque el viaje no se repitió. Fotografías de aficionado, espontáneas, sin preparación ni montaje profesional. Sigo buscando y encuentro un libro titulado *Siete años en el Tíbet*, escrito por el montañero alemán Heinrich Harrer. Este explorador se encontraba en la India cuando comenzó la segunda guerra mundial. Huyendo de los ingleses escaló las montañas del Himalaya para refugiarse en el Tíbet, país neutral. En sus fotografías, pudimos ver por primera vez a los lamas, sus templos, el palacio de Potala e imágenes del Dalai Lama (desconocido para nosotros hasta entonces) y de sus celebraciones religiosas con los molinillos de oración. En el año 1952, cuando se publicó este libro, el Tíbet era un país desconocido que se nos desveló como país sorprendente y sus fotos, también tomadas por el autor de forma artesanal, causaron gran sensación en todo el mundo. Y nos sigue gustando verlas de nuevo.

Sigo buscando entre los libros de mi madurez, y encuentro una edición de la *Divina comedia* de Dante. Se trata de una edición de 1921, pero lo más importante es que contiene numerosas láminas del famoso ilustrador francés Gustavo Doré. Son dibujos únicos e irrepetibles. Doré ilustró numerosos libros de su época, época e ilustraciones que ya no volverán, pues Gustavo Doré murió en 1883.

Sigo buscando y encuentro otro libro ilustrado también por Gustavo Doré. Se trata del *Viaje por España* (son innumerables los libros con el mismo título, *Viaje por España,* escritos por los numerosos viajeros europeos que buscaban los tópicos españoles de toreros, bailarinas y procesiones) del escritor francés Charles Davillier. El texto es una visión de España ya esperada en un viajero europeo. Pero los numerosos dibujos de Doré son extraordinarios, mucho mejores que los de la *Divina comedia*.

Sigo buscando, sin prisa, a lo largo de varios días para poder detenerme con calma en las distintas estanterías. Encuentro unas deliciosas ediciones de *La ilíada* y de *La odisea* de 1956. Las ilustraciones son espléndidas además de numerosas. En nombre de su autor no me dice nada (el problema es mío). Se trata del dibujante inglés John Flaxman que realizó estas ilustraciones para la edición de Londres de 1805. Hoy en día no se dibuja así, no digo que se dibuje peor, pero se dibuja de otra manera.

Sigo. Encuentro una edición moderna del libro *España negra*, del escritor belga Émile Verhaeren. Este fue el libro en el que por primera vez se usa el término «España negra» que tanto se popularizó más adelante. Verhaeren conoció en Bruselas al pintor español Darío de Regoyos y juntos hicieron un viaje que dio origen a este libro. Pero son las ilustraciones de Regoyos, ente costumbristas y tenebrosas, las que hacen de este libro algo único. No hay que confundir este libro con el del mismo título, *España negra*, escrito por el pintor español José Gutiérrez Solana. Porque Gutiérrez Solana escribió el texto, pero, a pesar de ser un pintor acreditado, no ilustró el libro, cosa curiosa. En algunas ediciones suelen añadirse algunas reproducciones de Solana que no estaban en la obra original.

Pero no hay que ir siempre a las obras de autores consagrados. Encuentro entre mis libros una pequeña obra de Dolores Rico Oliver titulado *¿Cómo leer un libro?* Como es lógico, libros con títulos de este tipo los compro siempre que puedo. Aparte del texto que tiene su interés, lo que hace de esta obra algo único son las 71 ilustraciones (si no las he contado mal) de Antonio Mingote. Algo simplemente genial.

Y qué decir de los libros de arte, con espléndidas láminas a toda página, ilustraciones de gran calidad. Estos libros nos permiten visitar todos los museos del mundo, con gran comodidad, sin movernos de casa y dedicando todo el tiempo que queramos sin límite de horarios. Y sin pagar entrada. El Museo del Prado, el Louvre, Museo Vaticano, Tate Gallery y la National Gallery de Londres, museos de Viena, Estocolmo, Bruselas y otros muchos nos muestran sus colecciones en láminas de gran calidad. Pasaremos horas con estos libros en las manos para disfrutarlos con la calma que requiere la visita a los museos.

Yo he mencionado libros que están entre mis libros, pero cualquier aficionado a comprar y leer libros puede encontrar otros similares en su biblioteca. Libros para pasar horas pasando sus páginas y disfrutar sin leer una sola palabra.

Lo que ponemos en las estanterías

Es evidente que en las estanterías de una biblioteca ponemos libros. Pero siempre queda espacio entre los libros y el borde de las estanterías. Y de alguna forma, en estos espacios ponemos otras cosas. Lo hacemos casi sin darnos cuenta, sin intención declarada, no lo hacemos por adornar. En realidad, no recordamos cómo ni cuándo esos objetos alcanzaron las estanterías. Objetos que ya forman parte de la biblioteca viva.

Me siento a leer y paso la vista por las estanterías y veo toda clase de objetos que, en principio, no tendrían que estar ahí, pero están y no recuerdo desde cuándo. Veo fotografías, casi todas sin enmarcar, apoyadas sobre en lomo de los libros. Algunas fotos muy antiguas, de cuando era joven, incluso algunas de mis padres de cuando eran jóvenes. Fotos de hijos y nietos, es lógico, pero colocadas sin orden ni concierto. Un cenicero, no sé por qué, pues en esta casa nadie fuma. Unas pulseras y un pequeño colmillo tallado de marfil, un recuerdo de mis años africanos, pienso que estarían mejor en otro sitio. Igual que una pequeña cabeza africana de ébano auténtico. Un reloj de sobremesa que no funciona, pero que es bonito, es de los de cuerda y nadie se ocupa de él. Una pequeña estatua de Buda, seguramente un regalo. Otra pequeña estatua, de porcelana o algo así, que representa a Charles Chaplin sentado, solo Dios sabe cómo ha podido llegar hasta aquí.

Y cosas que tal vez en algún momento pueden tener alguna utilidad. Una jarrita llena de bolígrafos, seguramente ninguno funciona, nunca se me ha ocurrido usar uno. Un botecito con clips metálicos, una vela con forma de pirámide y de color verde, que nunca ha sido encendida. A su lado un pequeño candelabro sin vela. Una herradura, eso sí que es un misterio. Un bote de pegamento, algo se rompería y después se dejó ahí para siempre y olvidado. Seguramente si ha vuelto a necesitarse pegamento se habrá comprado otro bote, pues nadie recordaría que allí teníamos uno. Y no sigo porque hay más. Supongo que de cuando en cuando se coloca otro cachivache y se quita otro.

En una biblioteca viva existe un natural desorden. Entran y salen libros, entran y salen cosas. No recordamos cuándo y porqué compramos un libro, no recordamos cuándo aparecieron muchos de estos objetos acompañantes. Pero todos son parte de esta biblioteca que nos rodea.

Henry Petroski, en su interesante libro *Mundolibro,* cuenta que ha visto librerías en cuyos estantes no había ningún libro. Porque hay individuos que usan las estanterías diseñadas para albergar libros, para poner otras cosas. En un caso se utilizaron para contener una colección de sombreros. En otro caso, en la librería de un conocido ilustrador, las estanterías estaban llenas de juguetes, maquetas y otra serie de artilugios, todo menos libros. Y es que una biblioteca puede tener vida incluso sin libros. Eso sí, hay que tener mucha imaginación.

Lo que encontramos en los libros

Es sorprendente lo que podemos encontrar entre las páginas de un libro. Evidentemente, si encontramos cosas es porque alguien las ha puesto ahí. Tal vez hemos sido nosotros mismos hace mucho tiempo y no nos acordamos. Pueden haberlas puesto propietarios anteriores, nuestro padre o nuestro abuelo. O alguien desconocido, el propietario de un libro que hemos comprado de segunda mano. Pero cada hallazgo de este tipo es siempre una sorpresa, no esperábamos encontrarlo.

Francisco Mendoza, en su excelente obra *La pasión por los libros,* nos cuenta las cosas sorprendentes, él las llama cuerpos extraños, que ha encontrado en sus libros. Menciona trozos de papel, escritos o en blanco, naipes, estampas, grabados, bulas, sellos de correos, billetes de tren, tiques de aparcamientos. Incluso briznas de paja y granos de cereal en algún libro que había pasado tiempo escondido en un granero, algo no infrecuente en tiempos de guerra. Ya se sabe que durante las guerras se despierta la obsesión por quemar libros y hay que esconderlos.

Nosotros no disponemos de una biblioteca tan imponente como la de Francisco Mendoza, que es un conocido bibliófilo. Pero entre las páginas de nuestros libros también encontramos algunas sorpresas. Generalmente son objetos de papel o cartón que hemos utilizado para señalar el final de un día de lectura, lectura que no continuó por los motivos que fuera y el señalador quedó completamente olvidado. Mis señaladores favoritos siempre han sido las fotografías. Fotografías generalmente familiares o de compañeros de estudios. Fotos que quedaron olvidadas a veces muchos años y su reencuentro te hace recordar a aquel familiar que ya no está entre nosotros o a aquel amigo de la facultad que emigró y del que nunca has vuelto a saber. Un recordatorio de una primera comunión cuyo protagonista no estoy seguro de reconocer. Un billete del metro, el albarán de un taller de encuadernación que debió pertenecer a mi padre, pues en mis tiempos casi nadie encuaderna. La tarjeta de visita de un amigo, tarjeta que vino con el libro que me regaló, libro que he releído recientemente, pero amigo al que no he podido localizar por ningún medio, quién sabe si ya no está entre nosotros. Cuando viajo siempre llevo conmigo algún libro por lo que no es raro dejarse entre sus páginas alguna factura de hotel, algunas entradas a museos o espectáculos típicos del lugar o el recibo de un guía turístico.

La biografía de un lector puede completarse a través de lo que encontramos en sus libros y cuando nuestros descendientes los encuentren nos entenderán mejor. O si nuestros libros terminan en un mercadillo, su nuevo lector si es un apasionado de los libros, disfrutará intentando desentrañar la historia de estos objetos olvidados, el libro que ha terminado felizmente en sus manos y de su ya desaparecido anterior propietario.

La biblioteca da un cierto prestigio

Algo tiene una biblioteca llena de libros que atrae a la gente que quiere exhibirse. Cuando sale en la prensa o en la televisión una entrevista realizada a alguien que se supone que es alguien, como un político, un profesional de prestigio o un empresario por poner unos ejemplos, casi siempre veremos que de fondo aparece una biblioteca. El entrevistado se ha colocado delante de unas estanterías con libros para hacerse la foto. Nunca los veremos a los entrevistados fotografiados delante de un supermercado, de un bar, de una peluquería o de una farmacia. Se trata de gente que quiere impresionar, bien vestidos y arreglados. Contrastan con los que se presentan con un aspecto estrafalario, mal afeitados y despechugados que huyen de la buena impresión por considerarla cosa de burgueses. Pero la verdad es que no se puede dirigir una orquesta vestido de trapillo, no queda bien. Claro que la música clásica, como las bibliotecas, son parte de la cultura burguesa.

Seguramente estos entrevistados buscan la credibilidad. El imaginario colectivo asocia los libros con la cultura y la cultura con el prestigio. Aunque no sea cierto, pero lo parezca. Es posible y hasta frecuente que algunos de estos entrevistados no hayan leído un libro en su vida, pero les basta con que lo parezca. Algunos, sobre todo políticos, no han pasado del bachiller superior o de algún máster de conveniencia. No se puede hablar del producto interior bruto desde una cafetería. Algunos incluso se muestran con un libro en las manos mientras hablan, pues parece que una biblioteca de fondo no es suficiente y han de reforzar su presunta importancia agarrados a un libro, y si se puede ver el título pues mejor.

Y es que la apariencia es importante. Ser medianamente culto requiere años de estudio y de lectura y eso no se puede improvisar en un momento, no puede uno hacerse culto justo antes de una entrevista importante. Mejor ayudarse de unos buenos libros, en cuanto más mejor. Un momento de esplendor cultural que desaparece en cuanto se marcha el fotógrafo.

Supongo que en este mundo de *marketing* cultural se pueden alquilar bibliotecas por horas. Si es así, espero ofertas.

Claro que las cosas pueden estar cambiando. Desde que hay ordenadores, parece que la modernidad y la excelencia las da la informática. Seguramente en el futuro veremos con más frecuencia a estos prohombres de la patria fotografiándose al lado de un ordenador. Y hasta hay gente que lee en un *e-book* (vaya nombrecito) sin necesidad de pasar páginas. Así pasa la gloria del mundo.

El libro como adorno

Todos tenemos en casa alguna mesa, un aparador o cualquier otro mueble adornado con mantelitos de encaje y algunos objetos de plata o algo parecido. O con un jarrón de flores de vistosos colores. Pero si ponemos a su lado un libro, nos llamarán desordenados y nos pedirán que lo retiremos.

¿Por qué un libro no puede ser un adorno? La forma de los libros, su estructura física, es en sí agradable. Sus portadas han sido diseñadas para ser atractivas. Gran variedad de tamaños y colores. Pero un libro fuera de la biblioteca es muestra, para la mayoría de la gente, de desorden, se ha dejado ahí por descuido, como objeto olvidado.

Pero para un buen lector, unos libros pueden ser un adorno agradable. Bien dispuestos encima de una mesa, rivalizan en color y belleza con un jarrón lleno de flores. Las brillantes portadas superan en vistosidad a los mantelitos y a las figuritas plateadas. Pero me temo que es caso perdido. En cualquier domicilio familiar, el orden es otra cosa. El orden libresco es simplemente desorden. Qué le vamos a hacer.

Explorando la biblioteca se pueden hacer descubrimientos inesperados y resucitamos a escritores olvidados

Mientras exploramos nuestra biblioteca en busca de un libro que sabemos que está, pero al que no encontramos, podemos llevarnos alguna sorpresa. Explorar una biblioteca no es fácil. Unos pocos miles de libros nos lleva mucho tiempo verlos uno por uno, la única manera de tener alguna probabilidad de encontrar el libro perdido. Y de pronto encontramos algún libro desconocido, que nunca habíamos visto (o por lo menos no recordamos) y que no sabemos cómo ha llegado hasta aquí. Los sacamos de la estantería y los examinamos sorprendidos. Pero ¿quién diablos ha metido este libro aquí? Solo yo puedo haber metido este libro en mi biblioteca. El autor no me dice nada. Lo ojeo y me parece interesante, me gusta y lo leo hasta el final. ¿Cómo es que no lo he leído antes, con lo interesante que es? Tengo que buscar información sobre este autor. Pero a veces el libro que escojo al azar, pues no sabía que leer, no me gusta nada, no entro en él. Tal vez lo compré hace muchos años, a ciertas edades muchos años pueden ser muchísimos años, y ya no me acuerdo de él. O tal vez es un libro heredado, o regalado, me ocupa sitio en la librería y no me sobra sitio precisamente. Una pena que no se haya perdido en algún traslado. Una enciclopedia, hace años que no consulto una enciclopedia. La abro al azar y me entero de que Gotland es una isla sueca en el mar Báltico. Abro de nuevo al azar y aprendo que «propágulo» es la parte de la planta que sirve para que se multiplique vegetativamente. No cabe duda de que una enciclopedia es un libro muy útil como queda demostrado, lo recordaré cuando tenga una duda importante.

Sigo mirando, un tal Mariano Tudela, un libro sobre la bohemia y los bohemios; ahora no, pero lo dejo apartado, pues puede ser interesante o entretenido, que no es lo mismo que interesante. Y emparedado entre novelas varias, encuentro una de un tal Joyce Cary, parece que es un relato que transcurre en África, parece interesante, tengo que leerlo. Bueno, he encontrado, o reencontrado unos libros de los que no tenía recuerdo y que me esperaban pacientes desde hace años. Me alegro de haber resucitado a un par de escritores, pues sacarlos del olvido es lo más parecido a resucitarlos.

Y es que nunca terminamos de conocer bien nuestra biblioteca.

El libro como regalo

Y puestos a regalar, ¿por qué no un libro? Pues no es tan fácil.
Generalmente regalamos por compromiso. En las mujeres
es más sencillo porque la moda, la cosmética y la joyería o bi-
sutería hay muchas posibilidades. También un libro, claro. Entre
los hombres es más difícil, hay menos posibilidades. La corbata
siempre es un remedio, cuántas corbatas me han regalado en los
últimos treinta o cuarenta años, las tengo todas colgadas cuidadosamente, docenas y docenas. Nunca tiro un regalo. La familia
cercana, algún jersey o algo así, cosas prácticas que se agradecen.
Pero los regalos de compromiso son diferentes. Los que saben
que somos amigos de los libros lo tienen fácil. Guardo todos
los libros que me han regalado en una estantería aparte que de
cuando en cuando reviso. Me sirve de recordatorio de la historia
de mis amigos, porque quien me regala un libro, sea cual sea y
sea quien sea, para mí es un gran amigo.

Y como amante de los libros tengo la tendencia natural a
regalar libros. A un amigo buen lector es fácil, como sabes sus
gustos casi seguro que aciertas. Siempre le gustará recibir un
obsequio así. Pero si la persona a regalar no aprecia los libros, la
cosa es peor. Porque yo casi no sé qué regalar como no sea un
libro, reconozco que es un importante inconveniente social.

Pero hay momentos en que se regalan muchos libros. En las
fiestas de Navidad, época inevitable de regalos por compromiso,
es frecuente ver en las librerías grandes colas en el mostrador
para que envuelvan para regalo libros que se han comprado.

Porque los libros se envuelven para regalo como cualquier otro regalo. Porque si no está envuelto en papel de colorines (papel que precisamente se llama de regalo), pues no es un regalo. Porque el envuelto hay que abrirlo, generalmente en presencia del regalador y es una sorpresa. Y al abrirlo, el regalado suele mostrar una gran alegría y dice eso de que le gusta mucho, que es un libro que estaba deseando leer y estaba a punto de comprarlo. Pero cuando se marcha el regalador, lo normal es que diga vaya desilusión, mira que regalar un libro cuando yo esperaba un reloj de pulsera o una pluma estilográfica. O unas zapatillas de deporte, con la falta que me hacen.

Y es que generalmente se regala un libro porque es un recurso fácil. Si no gusta, ya lo pondrán en algún sitio, ocupa poco espacio. Y quién sabe, tal vez años más tarde alguien de la familia lo encuentre por casualidad, le guste y se ponga a leerlo. El tiempo no existe para los libros.

Me han regalado un libro. Qué digo, me han regalado varios libros porque es mi cumpleaños y en los cumpleaños se regalan cosas. Y como la gente sabe que me gustan los libros, pues la cosa es fácil. Yo he dado las gracias a mis regaladores, gracias sinceras, pues reconozco su buena intención. Hay de todo entre estos libros, sobre todo novelas, novelas que están de moda y que se han anunciado mucho, no está mal, aunque las novelas no son mi fuerte. Un libro de viajes, ya lo tenía, pero no dije nada y lo agradecí encantado. Y un libro que me llamó la atención, algo así como un manual de cómo triunfar en la vida. No recuerdo quién me lo regaló, pero me gustaría saberlo. Yo creía que a mi edad ya lo tenía todo hecho, habré triunfado o no, pero ya está hecho. Pero, por lo visto, el que me ha regalado este manual ha debió pensar que soy un fracasado y que un poco de ayuda me vendría bien. En realidad no pienso leerlo, pues ya ha pasado mi tiempo y, por qué no decirlo, me siento algo ofendido. Seré un fracasado, pero tampoco hay que recordármelo. O no soy un fracasado y entonces este tipo tiene mala baba. Si consigo enterarme de quién es este regalador voy a contra atacar, a ver si encuentro algo así como un manual para evitar que tu mujer te engañe. Tal vez sea un poco fuerte, pero es que me ha molestado, no mucho, pero me ha molestado. Bueno, me ha molestado bastante.

Pero ¿qué libros leemos?
(Un libro lleva a otro libro)

Cualquier escrito sobre papel, más largo o más corto, del tema que sea, es algo que podemos leer. Un panfleto, un manual de instrucciones, la hoja parroquial, si los leemos con agrado son tan respetables como lo que llamamos un libro. El libro tiene más páginas y un tema concreto, pero todo lo escrito con la intención de ser leído es respetable. Es el impulso de leer lo más importante, se puede empezar con la hoja parroquial y seguir a un libro de cuentos cortos y después a una novela.

Porque la afición a la lectura tiene un desarrollo en el tiempo. Nadie empieza a leer con los *Diálogos* de Platón. El buen lector empieza a leer de joven, a veces de niño, y a lo largo de su vida va interesándose por temas más complejos y por volúmenes más extensos. O no, tal vez se planta en un nivel determinado, en la novela, en la novela policiaca, por ejemplo. Hay tantas novelas policiacas que pueden ocupar toda la vida de un lector. Y la literatura de novela es casi infinita y da grandes momentos de felicidad lectora. Incluyo aquí las magníficas traducciones de las novelas escritas originalmente en otros idiomas. Como la buena traducción no puede ser literal, el buen traductor en realidad hace una recreación del original, incorporando modos de nuestro idioma para que el texto traducido, respetando el original en todo lo posible, leído en nuestro idioma tenga sentido.

Lo habitual es progresar poco a poco según crecemos y maduramos. Se puede empezar por los libros de aventuras de Emilio Salgari y Julio Verne. Ya en la adolescencia tardía descubrimos las novelas y nos apetece leer los premios literarios que aparecen cada año porque suponen un descubrimiento. La novela no la abandonamos nunca, pero ya nos interesan los ensayos que abarcan todos los temas imaginables. Lleva años interesarse por las monografías de historia, los viajes, las biografías y no digamos por la filosofía. En la extrema adultez (bonita palabra) se buscan ya libros más raros, muchos descatalogados, a veces solo disponibles de segunda mano. Nos convertimos en exploradores de catálogos, de bibliotecas y vamos dejando de lado las novedades excepto por algún libro concreto. Terminamos siendo lectores algo raros, porque nuestros gustos han evolucionados hacia temas que interesan a pocos. Pero los libros raros que completan nuestra biblioteca son las pequeñas joyas que nos faltaban.

Pero cada lector es distinto, por lo que no hay dos bibliotecas iguales. Porque la historia de cada biblioteca, de esas acumuladas durante toda una vida, son un reflejo de la personalidad de su dueño, de su biografía libresca (otra palabra que me gusta).

Creo que fue el escritor argentino José Luis Borges quien dijo que, para él, el paraíso tenía que ser un lugar lleno de libros, una especie de biblioteca infinita. Sin llegar a tanto, cada uno de nosotros puede tener un trocito del paraíso en casa.

Tomando notas

Llega un momento en la vida del buen lector en el que después de haber leído mucho, sobre todo novelas, poesía, teatro y todo aquello que podemos llamar literatura, se desvía hacia los libros de ensayo. Por ensayo me refiero a los libros que nos dan información, como la historia y la biografía por poner unos ejemplos. En ellos encontramos datos que nos detallan acontecimientos, descubrimientos y fechas que nos ayudan a explicar el mundo en que vivimos. Y estos datos quisiéramos no olvidarlos, pues nos pueden ser útiles más adelante. Pero claro, con el tiempo los olvidamos, no es posible recordarlo todo.

El remedio, al menos mi remedio, más sencillo y práctico es tomar notas. Simplemente anotamos en un papel, en el que hemos escrito previamente el nombre del libro, aquellos nombres, fechas y acontecimientos que nos parecen relevantes. En el papel, escribimos el número de la página y a su lado el dato a recordar. Un libro interesante puede dar lugar a más de cien apuntes de este tipo. Al finalizar, esta hoja de papel con las anotaciones, debidamente doblada para ajustarla al tamaño del libro, se mete entre sus páginas. Al cabo de muchos años, deseamos larga vida al buen lector, serán muchos los libros con miles de datos en los papeles entre sus hojas. Es como una enciclopedia personal que nos ha de facilitar ponernos al día de forma rápida y precisa cuando necesitemos abordar algún tema. Muchas veces ya no nos acordamos de haberlo hecho y al abrir el libro encontramos, con gran alegría, esta hoja de papel. Y de esta manera, podemos releer de nuevo el libro rápidamente con solo leer las anotaciones.

Este procedimiento tiene otra ventaja, que es muy importante. Evitamos así el subrayar los párrafos interesantes y evitar el terrible color amarillo de los rotuladores de turno. Y es que nada afea y envejece más a un libro que estos subrayados y las notas escritas en los márgenes. Más nuevo está un libro de cien años de antigüedad limpio sin tachaduras ni subrayados que un libro reciente lleno de rayaduras.

Los escritores que ocultan su nombre

Un día decidí jugar con mi biblioteca. Porque con las bibliotecas también se juega y se pasan buenos ratos. Puse sobre la mesa algunos libros. Libros de John Le Carré, Mark Twain, Azorín, Lewis Carroll, Pablo Neruda, Rubén Darío, Voltaire y algunos más que ahora no recuerdo. ¿Por qué saqué estos libros? Pues porque todos estos autores eran unos mentirosos, ninguno se llamaba así. Usaron un pseudónimo para engañarnos y parecer lo que no eran, querían parecer más importantes.

No todos los escritores utilizan un pseudónimo. Los filósofos nunca lo utilizan, aunque hay una excepción. El filósofo Platón en realidad se llamaba Aristocles. Pero la mayor parte de su obra la escribió en forma de diálogos, lo que suena un poco a teatro. Y algunas de sus obras más conocidas fueron mitos, el de la caverna y el de la Atlántida, mitos que fácilmente podrían ser novelados. De hecho, estos mitos han tenido tanto éxito que, aun hoy en día, hay quien sigue buscando la caverna y la Atlántida. Pero en general los filósofos quieren ser recordados por sus verdaderos nombres. Saben que su obra, generalmente algo confusa y no fácil de entender por la gente común, va a ser discutida siempre. Saben que serán aclamados o, con suerte, odiados. A veces sus nombres son difíciles. A mucha gente les suena el nombre de Schopenhauer, pero seguramente no saben cómo se escribe. Gran triunfo. Uno de mis favoritos, el alemán Peter Sloterdijk, a pesar de leerlo con frecuencia, todavía no puedo deletrear su nombre correctamente.

A los historiadores y ensayistas también les gusta aparecer con sus nombres verdaderos. Su obra suele hallarse llena de referencias técnicas dirigidas a demostrar una tesis. Saben que su obra está destinada a ser analizada y, posiblemente, criticada por otros especialistas y quieren ser reconocidos.

Y es que los pseudónimos son propios de poetas, novelistas y otras gentes de mal vivir. Buscan la gloria y el recuerdo eterno. Y eso no es fácil. Saben que su obra, más pronto que tarde, será olvidada. Pero ¿su nombre?

¿Quién recuerda que François Marie Arouet escribió, entre otras, la historia de *Cándido?* Pero si decimos que la escribió bajo el pseudónimo de Voltaire se enciende la luz, seguramente no recuerdan la obra, pero no olvidan en falso nombre. Y es que un buen pseudónimo facilita mucho el recuerdo. Ayuda al recuerdo de Rubén Darío el que no firmase con su nombre, Félix Rubén García. Y qué decir de Charles Dogson, el autor de *Alicia en el País de las Maravillas,* bajo su falso nombre de Lewis Carroll. Además Dogson-Carroll no era ni siquiera un escritor, era profesor de matemáticas en la Universidad de Oxford y escribió esta historia para complacer a una familia amiga que tenía una hija que se llamaba Alicia. Y José Martínez Ruiz, más conocido con el sonoro sobrenombre de Azorín, escritor, corresponsal en París del diario *ABC* durante la Primera Guerra Mundial y diputado en el Congreso por el Partido Conservador. Y John Moore, autor de estupendas novelas de espías con el nombre de John Le Carré. Y el famoso poeta Neftalí Reyes, también conocido como Pablo Neruda. Y Samuel Longhorne Clemens, más conocido como Mark Twain. Y Henry Beyle, más conocido como Stendhal. Y no sigo porque tanto trasvase de nombres me confunde.

Ese es el objetivo del pseudónimo. Ya que prácticamente nadie va a recordar su obra, que por lo menos recuerden su nombre, aunque sea falso.

Tenemos visita

De cuando en cuando vienen algunos amigos de visita. En general es gente a la que no le interesan los libros y apenas hacen caso a mi biblioteca. Como mucho, le dirigen una mirada algo despectiva. Ya saben que soy un bicho raro; buen amigo, pero algo raro.

Aunque parezca mentira, uno de mis mejores amigos, una gran persona, es prácticamente un analfabeto funcional. En realidad nos hicimos amigos porque nuestras respectivas esposas eran amigas desde la infancia. Este buen hombre solo tenía el bachillerato elemental, pero enseguida se puso a trabajar. A trabajar duro, empezando de cero, arriesgando mucho, con denuncias, con embargos y cosas así. Pero, finalmente, los negocios le fueron bien y se hizo con una considerable fortuna.

Para estar a la altura, para que yo no pensase que no apreciaba los libros, un día me confesó que había leído el *Quijote*. Yo bien sabía que no lo había leído, pero su intento de aparentar me parecía bien. Eso sí, al mismo tiempo me aseguraba que no había leído ningún otro libro.

—Es que —decía— cuando has leído el *Quijote* ya no te interesa leer otro libro; después del *Quijote* ningún libro merece la pena. —No es mala excusa para justificar no necesitar leer más.

A su manera, mi amigo no dejaba de tener razón. Me dijo en más de una ocasión que si hubiese leído tantos libros como yo no habría tenido tiempo para ganar dinero. Para mi amigo, ser un triunfador consistía en ganar mucho dinero. Y ser un gran triunfador consistía en ganar muchísimo dinero. Era una forma amable de llamarme pobretón y no dejaba de tener razón.

—Hay que leer menos y vender más materiales de construcción —me decía—. Y hay que conocer gente importante, como empresarios y políticos. Y hay que tenerlos contentos —seguía dándome consejos—. Yo en Navidad me gasto una buena pasta en regalos.

Ante mi mirada de perplejidad, me puso la mano en el hombro y, en voz baja, como en secreto, me dijo:

—A un político se le regala una buena caja de champán francés, no un libro, ¿entiendes?

—Entiendo.

—Tienes que pasar menos tiempo en el Café Gijón con poetas, escritores y esa clase de gente, ¿entiendes?

—Entiendo.

—Y más *whisky* y menos café con leche, ¿entiendes?

—Entiendo.

Que quede claro que es un buen amigo, que en un apuro haría lo que fuese necesario para ayudarme.

Cuando se marcha, después de los abrazos de rigor, se me queda un poco cara de tonto. ¿Tendrá razón mi amigo? ¿He perdido tontamente mi vida?

Mañana mismo me compro otro libro.

Turismo de librerías

El buen lector también viaja. Viaja para ver a la familia, por motivos de trabajo o simplemente por placer, por turismo. Quede claro que no viaja para ver librerías, pero en los destinos del viaje puede haber alguna librería. Si vamos a un pueblo es raro que encontremos una librería. En una ciudad pequeña seguramente hay alguna. En las ciudades grandes hay muchas

Paseamos como buenos turistas visitando los monumentos históricos como debe ser. Entramos en alguna tienda para comprar algo típico. Un bar, un restaurante, no pueden faltar. Si hay algún museo hay que verlo. Pero mientras se camina sin rumbo vemos una librería. Nadie se fija, pues para la mayoría de los viajeros es un simple comercio raro, como una mercería o una ferretería, nada interesante para un turista. Pero el buen lector la ha visto y no puede evitar separarse del grupo y acercarse al escaparate. Si la librería es pequeña, más bien una papelería, no merece la pena entrar. Pero si vemos que tiene unas cuantas estanterías llenas de libros, pues entramos. Quién sabe. No vemos nada que nos interese, pero hemos pasado un buen ratito viendo libros y a salvo por un momento de la visita al puente romano. Y, quién sabe, no es raro que en una librería pequeña de pueblo encontremos algunos libros increíbles, que no esperábamos encontrar allí. Y compramos alguno, por qué no. Nos incorporamos al grupo y algunos se sorprenden al vernos con una bolsita con un libro. Somos algo raros, pues la mayoría de los viajeros llevan bolsas más contundentes, con chorizos y longanizas, o quesos del lugar o, ya puestos, un imán para la puerta de la nevera. Pero ¿un libro?

A lo largo de toda una vida, el número de libros comprados por el buen lector en sus viajes, puede ser considerable. Muchos, entre los que me encuentro, tienen la buena idea de escribir en la primera página, que está en blanco, la fecha y el lugar de la compra. Cuando muchos años después repasamos nuestra biblioteca nos sorprende que algunos los hemos comprado en ciudades que no recordamos. ¿Pero yo he estado en Palencia? Pues sí, este libro lo dice, seguramente paramos a comer camino de Santander. Una verdadera biografía viajera libresca. Porque los libros permanecen en la biblioteca para siempre, es raro que se pierdan, no como las fotos guardadas en álbumes o, aún peor, en la nube.

Si quiero poner un ejemplo no me queda más remedio de poner el mío, pero cualquier buen lector puede tener una trayectoria parecida. Malthus y su *Ensayo sobre la población,* comprada en Sevilla. *El origen de las especies,* de Darwin, en Santa Isabel, en la Guinea Española, en mis años africanos. *Memorias de un setentón,* de Mesonero Romanos, en La Coruña. El *Antonio Pérez* de Gregorio Marañón en Vejer de la Frontera, en la provincia de Cádiz. *Aforismos,* de Hipócrates, en Estepona. La *Utopía* de Tomás Moro en Valladolid. *La arboleda perdida,* de Alberti, en el aeropuerto de Málaga. El *Discurso del método,* de Descartes, en Sevilla. ¿Y quién podría imaginar que, en mis años americanos, en Houston iba a encontrar la *Vida de Gregorio Marañón* por Marino Gómez Santos? *La saga y fuga de J. B.,* de Torrente Ballester, en Pamplona. Una biografía del filósofo Xavier Zubiri en Torrevieja. Y muchos comprados en Madrid, por supuesto.

Y no sigo, pues seguramente podría encontrar más ejemplos en una revisión más detallada de mi biblioteca. Y me acordaré de lugares olvidados y, de paso, de las personas que me acompañaron en los viajes, también olvidados y ahora recordados. Recuerdos guardados en los libros esperando durante años a su descubridor.

Leer en los viajes

Hoy en día es frecuente hacer viajes muy largos que duran muchas horas. Muchos viajes, incluso a destinos muy lejanos tienen precios asequibles aunque sea a costa de ir amontonados, apretados y casi comprimidos. Alguien ha dicho que el viaje no es el camino sino el destino. Pero el camino hay que hacerlo y soportarlo.

Estos viajes son largos y pesados, es decir aburridos. Hay quien lleva una revista de crucigramas o un artilugio electrónico con diversos juegos, pero algunos preferimos llevar un libro. Leer es un placer incluso durante un viaje. Pero no siempre es fácil. Leer en un tren es casi imposible. La gente en el tren habla mucho y muy fuerte y con el teléfono móvil sin descanso. Parece que estos viajeros quieren que nos enteremos de su vida más íntima, que sepamos que quiere mucho a Lolita y que no soporta a Juan Carlos. En el avión es distinto, parece que durante un vuelo la gente habla menos o en tono más bajo. Como en algún momento dan algo de comer, la gente se amodorra y duerme, sobre todo si el vuelo es nocturno.

Por fin, uno abre el libro. Es una maniobra algo anticuada. La gente te mira extrañada: «Un libro de verdad, de papel. ¿Es que este tipo no conoce el *e-book,* tan cómodo en los viajes? ¿O la *tablet?*». Pero uno, ya curtido en estas lides e inasequible al desaliento, sigue leyendo. Para los viajes prefiero las novelas policiacas; con tanto viaje, ya he consumido las obras completas de Agatha Christie y Georges Simenon y algo me queda de John Le Carré.

Al llegar al destino hay que pasar por la aduana. El aduanero hace algunas preguntas rutinarias sobre el contenido de las maletas y no se molesta en abrirlas.

—¿Y esa bolsa?

—Es un libro.

—¿Un libro? Déjeme verlo.

El aduanero, sorprendido por lo insólito del hallazgo, coge el libro y agita las hojas decepcionado por no encontrar algo de ese polvillo blanco tan popular.

—Bueno, pase.

Si a la llegada nos alojamos en un hotel, hay que tener cuidado. Yo procuro no dejar el libro muy a la vista cuando salimos de paseo. Las limpiadoras ya están acostumbradas a que la gente deja encima de cualquier mueble periódicos usados, con los crucigramas hechos, entradas de espectáculos folclóricos o folletos turísticos locales. Y un libro, si está algo usado, es más o menos lo mismo: todo a la papelera y a la basura. Cuando luego va uno a la recepción y pregunta si se puede rescatar el libro, los recepcionistas se miran con asombro.

—¿Un libro?

No lo dicen, pero su expresión, su lenguaje no verbal como ahora se dice, lo dice todo: «Un libro no, que en este establecimiento somos gente seria».

No importa, a la vuelta lo compro otra vez.

Librerías especializadas

Pasear por las tiendas de libros buscando libros siempre es un placer. Pero hay ocasiones en las que buscamos un libro concreto, de un tema determinado, y para eso existen las librerías especializadas. Es enorme el número de librerías dedicadas exclusivamente a un tema concreto. Hay librerías dedicadas a temas médicos, por lo que si buscamos un libro de medicina es lógico que acudamos a ellas. No vamos a encontrar un tratado de diabetes en una librería general. Cuando, con el paso del tiempo, el libro sobre la diabetes queda, inevitablemente, obsoleto, pues hay que comprar otro en la librería especializada. Con el derecho pasa algo parecido. El Código Civil hay que buscarlo en una librería dedicada al derecho. Además, los textos legales cambian con mucha frecuencia. Los libros médicos los hacen los médicos, que suelen ser individuos con ciertos criterios científicos. Pero los libros legales los hacen lo políticos, que son generalmente personas con pocos conocimientos (observe el atento lector que no he dicho ignorantes) y que se pasan la vida cambiando leyes porque no tienen otra cosa que hacer. Por eso un texto legal puede perder su vigencia en unas horas o, con suerte, unos días. Para estar bien informado un abogado necesita comprar un libro cada cuarto de hora. Me dicen que nuestro Código Civil fue promulgado en 1889 (si, en mil ochocientos ochenta y nueve, antes de ayer más o menos) y desde entonces ha sido modificado cientos de veces, tal vez miles de veces. *Peccata minuta* para el frenesí casi lujuriosos de los legisladores.

Pero existen librerías más simpáticas donde pasar un buen rato. Las hay especializadas en cine, en deportes, en religión, en gastronomía, en gais y lesbianas (sí, en gais y lesbianas), en música, en idiomas, en viajes con todo tipo de mapas y guías, en literatura infantil, en esoterismo, por mencionar solamente unas pocas. A veces no queda más remedio que acudir a una de estas librerías. ¿Dónde vamos a encontrar un plano de Singapur o una guía de Katmandú que, como todo el mundo sabe, es la capital de Nepal? En ocasiones entramos en alguna de estas librerías solo por curiosidad, para ver lo que tienen aunque no pensemos en comprar algo. Las librerías religiosas nos ofrecen sus Biblias, ejemplares del Corán, los Vedas, y algo sobre el budismo. Curiosamente en las librerías religiosas, además de libros también venden también imágenes, cuadros y estampas.

Pero son las librerías esotéricas mis preferidas para curiosear un rato. Filosofías orientales, yoga, meditación, terapias alternativas, metafísica (no la de Aristóteles precisamente), tarot, y casi siempre con el aroma de incienso, aroma que por lo visto también es esotérico. No es fácil que compremos en este tipo de establecimientos, somos gente seria. Pero quién sabe. Yo mismo, en un momento de debilidad he comprado la *Historia de la Filosofía Oculta*, de Alexandrian, y *el Libro tibetano de los muertos*. Y el libro de los hechizos de un tal Hans Krofer, que trata con todo detalle de la magia negra, el mal de ojo, el culto satánico, talismanes y exorcismos, que nunca se sabe si pueden ser útiles. Siento admitir que he pasado buenos ratos leyendo estos libros. Nunca se puede despreciar un libro, el buen lector siempre es un lector con la mente abierta.

Me han comprado una librería

A las familias no les gusta el desorden, es normal. Cuando ven mi biblioteca con libros en doble fila, libros sobre libros, lo ven como un total desorden. A mí me parece que están bien, que yo me manejo bien así, que localizo los libros con cierta facilidad casi siempre. Pero frecuentemente me preguntan, ¿Cuándo vas a comprar otra librería? ¿No ves que en esta ya no te caben tantos libros? Yo he ido tirando, sin hacer mucho caso, pero un día mi familia trae a casa una librería que ha comprado en algún sitio. Yo hago como que estoy encantado:

—Qué buena idea, muchas gracias, me habéis solucionado un problema. —¿Qué iba a decir? No iba a decir que no me gustaba aquel trasto.

Claro, que esta librería venía sin montar. Un montón de placas de madera de distintas longitudes y un montón de tornillos en sus bolsitas de plástico. Había que ensamblar todos aquellos pedazos inconexos en una estructura que pudiéramos llamar librería. No era cosa fácil. Al principio me parecía que sobraban listones de madera y que faltaban tornillos. Seguimos cuidadosamente las instrucciones difusamente descritas en el folleto adjunto. Nada parecía encajar en su sitio, pero, tras un largo tiempo de gemir y rechinar de dientes y después de saltarnos varios pasos de las instrucciones, conseguimos armar el artilugio. Eso sí, faltaron listones (yo hubiera puesto algún estante más) y sobraron tornillos. Pero el armatoste se sostenía en posición vertical como tenía que ser. Hasta ahora, las librerías de mi biblioteca habían sido hechas a medida, para encajar con precisión en el espacio disponible. La nueva librería realmente no encajaba en ningún sitio, la tuvimos que poner simplemente donde no molestase demasiado.

Ahora venía lo peor, tenía que llenar aquel trasto de libros. Los que estaban en doble fila, los amontonados sobre otros libros. No fue fácil, pues era preciso guardar cierta coherencia en temas y tamaños. Subí del trastero alguno libros ya condenados que guardaba en una caja. Incluso resucité un par de las antiguas guías telefónicas que habían quedado arrinconadas en algún lugar de la casa. Las guías son muy voluminosas, muy útiles en estos casos. Pero aun así, quedaba mucho espacio libre. La familia encantada, yo por los suelos.

Cuando la miro y veo todo el espacio que queda por llenar, me paso el tiempo calculando cuantos libros tengo que comprar para conseguir que tenga un aspecto digno de la biblioteca de un buen lector. Para que alcance el deseado estado de ordenado desorden que le de vida, que le de alegría. Supongo que es cuestión de tiempo.

Una hora en el otro mundo

La realidad de nuestra vida diaria nunca es completamente placentera. En el mejor de los casos tenemos que lidiar con la hipoteca, el seguro del coche, el colegio de los hijos, con los propios hijos, con Hacienda, con algún cuñado, todo en el mejor de los casos. Pero la lectura, aunque sea temporalmente, puede transportarnos a otro mundo donde todas estas preocupaciones no existen. Por eso se llama literatura de evasión.

Hay una evasión superficial a la que llegamos con la lectura, por ejemplo, de una novela. El argumento de la historia nos engancha y nos mantiene en vilo pendiente del desenlace. Vivimos los problemas, los dramas y las tragedias de los personajes. Pero durante este tiempo nuestro tiempo real no está.

Para mí el verdadero otro mundo está en los libros que te llevan a otras ciudades o países. Estos libros hay que leerlos con un mapa en la mano. Cuando las descripciones son muy realistas, te da la impresión de que estas allí. Las novelas policiacas del comisario Maigret, de Simenon, hay que leerlas con el plano callejero de la ciudad de París al lado. Durante este rato de lectura tienes la impresión de estar en París siguiendo a los protagonistas por las calles de la ciudad. Si algún día vas a París, el nombre de sus calles te resulta familiar porque ya has estado allí. Y si lees las aventuras de Marco Polo, solo con el mapa en la mano podrás enterarte bien de los países visitados, Armenia, Persia, la India. Y con Ali Bey por Marruecos, Trípoli, Egipto, Arabia y Turquía. Con Charles Darwin en su viaje alrededor del mundo. Y si no queremos viajar tan lejos, un paseo por Europa con Claudio Magris que nos llevará a lo largo del rio Danubio, desde su nacimiento en la Selva Negra en Alemania hasta su desembocadura en el Mar Negro, pasando por Austria, Hungría, Checoslovaquia, Yugoslavia, Rumanía y Bulgaria.

Y de pronto, cerramos el libro y ya estamos de vuelta en nuestro mundo. Ya no estamos en París, ni en Persia, ni en la India, Marruecos o Hungría por mencionar solo alguno de los lugares en los que hemos estado durante nuestro maravilloso viaje. Hemos conocido, paisajes y culturas magníficas sin movernos de nuestro cómodo sillón de lectura.

Algún día tal vez viajemos físicamente a alguno de estos lugares. Puede no resultar en una buena experiencia, pues la ficción muchas veces mejora la realidad.

La lectura y la cultura

Alguien ha dicho que cultura es lo que queda cuando hemos olvidado todo lo que hemos estudiado. Estudiar es aprender y va más allá del simple retener información útil, muchas veces a base de recargar la memoria. Para el buen lector leer es estudiar, estudiar sin método ni programa, pero llenando nuestra mente de muchos conocimientos que, poco a poco, de forma inconsciente, se van almacenando en algún lugar de nuestro cerebro. Conocimientos que quedan dormitando en alguna circunvolución apartada en una especie de archivo cerebral. Este archivo es la cultura que se acrecienta constantemente con nuevas lecturas y nuevos conocimientos.

Esto nos permite, en el curso de una conversación informal o durante una discusión elegante, sacar de este archivo un dato, una información o una frase célebre que nadie conocía y que decide una controversia que se había atascado. Claro que, como la cultura, aunque sea modesta, no abunda, lo más probable es que aportar un cierto grado de conocimiento así, de pronto, puede hacernos quedar como unos pedantes. En la sociedad básica en la que nos movemos, (amigos, familiares, compañeros de trabajo y similares) la pedantería es un insulto. Los pedantes siempre son gente molesta porque nada molesta más a la gente que destapar su incultura.

Pero ¿por qué no nos entienden?

Es verdad, todos los buenos lectores pasan por la misma experiencia. Cuando estamos tranquilamente leyendo en nuestro rincón, nuestra familia, nuestros amigos, nuestros vecinos, todos, creen que no estamos haciendo nada. Dile a tu padre que venga y nos ayude, ahora que no está haciendo nada. Te pasas el día leyendo, ¿es que no tienes nada que hacer? Deja los libros que hay cosas que hacer. Cosas así las tenemos que oír todos los días. Hay que colgar un cuadro, hay que mover el sofá del comedor. Hay que regar las macetas. Esto sí que es hacer algo, algo útil, no como estar leyendo en el sillón.

Y es que mucha gente, la mayoría, confunden el hacer algo con el movimiento. Aunque solo se muevan los dedos al escribir en el teclado del ordenador, que es un ejercicio mínimo, pero algo es algo, o escribir la lista de la compra. Pero pasar las páginas de un libro también tiene algo de movimiento, no mucho es cierto, pero si se lee deprisa es más movimiento. Pero es un movimiento sin sentido, inútil, no cuenta.

Nunca nos entenderán. Tenemos que aprovechar aquellos momentos en que estamos solos, cando la familia se ha ido al supermercado o mejor al cine que dura más tiempo. Y cuando los amigos pesados se han ido, todos juntos, a ver el partido de futbol al bar de abajo, todos juntos para poder gritar cada gol, que en solitario se grita poco y mal. Nos dejan solos por imposibles, les damos alguna excusa absurda para justificar nuestra necesaria soledad, porque si les decimos que nos quedamos a leer se mueren de risa. Nunca nos entenderán, somos solitarios incomprendidos, pero es lo que hay.

¿Qué va a ser de mis libros cuando yo no esté?

Ya soy mayor. Podría decir que soy viejo, da igual. Se que me queda poco tiempo. Me tengo que despedir de muchas cosas, personas, efectos. Y me tengo que despedir de mis libros. Los siento en mis manos, los acaricio. Pobre José Luis López Aranguren. ¿Quién se acuerda hoy de ti? Tu libro sobre el catolicismo y el protestantismo me abrió muchas puertas, adiós. Y el viaje de Darwin alrededor del mundo, me abrió la imaginación, adiós. *La tabla de Flandes,* de Pérez-Reverte, una novela policiaca, cuando yo esperaba otra cosa, adiós. Simenon y su detective Maigret, adiós. *El azar y la necesidad,* de Jacques Monod, con quien descubrí la gran verdad de la vida, adiós. Y Heidegger, el de *Ser y tiempo,* tantas veces leído y nunca entendido. Necesito días, meses, seguramente años para despedirme de todos mis libros, incluso de los que hace muchos años que no he acariciado, porque quiero creer que los he leído todos a lo largo de mi vida y que no volveré a leer porque todo se acaba.

A esta edad uno ya sabe que la vida es corta, el arte largo, la ocasión fugaz, la experiencia engañosa y el juicio difícil, como dijo el gran Hipócrates. Uno ha hecho lo que ha podido.

Miro a mi biblioteca y no puedo menos que preguntarme: ¿Qué va a ser de todos estos libros, mis libros, reunidos a lo largo de toda una vida, cuando yo no esté?

Mis descendientes no son tan aficionados a los libros como yo. De hecho, comprenden y asimilan mi afición libresca con cariño. Pero ni en sus cabezas, ni en sus corazones, ni en sus viviendas hay sitio para tanto libro. Son más de ordenador y de informática. Creen que pueden bajarse de la red cualquier libro que quieran leer y acumular una biblioteca completa en un sitio que llaman «la nube». Las bibliotecas ya no son necesarias. En mi tiempo, tiempo que ya se va acabando, las redes y las nubes eran otra cosa.

Ya imagino mis libros peregrinando por bibliotecas «de viejo», donde algún tipo raro pueda encontrarlos. O en algún carrito de mercadillo apretado entre otros libros viejos que seguramente nadie va a comprar. Su papel probablemente terminará reciclado para hacer más papel, tal vez para hacer algún libro. Si hasta los poderosos dinosaurios han desaparecido, ¿Por qué no van a desaparecer las frágiles bibliotecas personales? Si nosotros nos vamos, ¿por qué no se van a ir nuestros libros, como se irán nuestros trajes y nuestros zapatos? Polvo eres y en polvo te convertirás.

Pero mientras hay vida, hay libros. Y después, los que vengan detrás que decidan. Perdonen la molestia.

Índice